优秀技术工人
百工百法丛书

蔡连财工作法

半潜船浮装操作

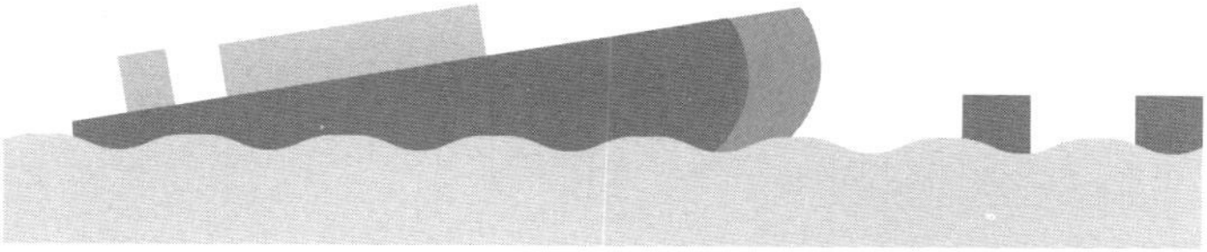

中华全国总工会 组织编写

蔡连财 著

中国工人出版社

技术工人队伍是支撑中国制造、中国创造的重要力量。我国工人阶级和广大劳动群众要大力弘扬劳模精神、劳动精神、工匠精神，适应当今世界科技革命和产业变革的需要，勤学苦练、深入钻研，勇于创新、敢为人先，不断提高技术技能水平，为推动高质量发展、实施制造强国战略、全面建设社会主义现代化国家贡献智慧和力量。

——习近平致首届大国工匠创新交流大会的贺信

优秀技术工人百工百法丛书

编委会

优秀技术工人百工百法丛书

海员建设卷

编委会

序

党的二十大擘画了全面建设社会主义现代化国家、全面推进中华民族伟大复兴的宏伟蓝图。要把宏伟蓝图变成美好现实，根本上要靠包括工人阶级在内的全体人民的劳动、创造、奉献，高质量发展更离不开一支高素质的技术工人队伍。

党中央高度重视弘扬工匠精神和培养大国工匠。习近平总书记专门致信祝贺首届大国工匠创新交流大会，特别强调“技术工人队伍是支撑中国制造、中国创造的重要力量”，要求工人阶级和广大劳动群众要“适应当今世界科技革命和产业变革的需要，勤学苦练、深入钻研，勇于创新、敢为人先，不断提高技术技能水平”。这些亲切关怀和殷殷厚望，激励鼓舞着亿万职工群众弘扬劳模精神、劳动精神、工匠精神，奋进新征程、建功新时代。

近年来，全国各级工会认真学习贯彻习近平总书记关于工人阶级和工会工作的重要论述，特别是关于产业工人队伍建设改革的重要指示和致首届大国工匠创新交流大会贺信的精神，进一步加大工匠技能人才的培养选树力度，叫响做实大国工匠品牌，不断提高广大职工的技术技能水平。以大国工匠为代表的一大批杰出技术工人，聚焦重大战略、重大工程、重大项目、重点产业，通过生产实践和技术创新活动，总结出先进的技能技法，产生了巨大的经济效益和社会效益。

深化群众性技术创新活动，开展先进操作法总结、命名和推广，是《新时期产业工人队伍建设改革方案》的主要举措。为落实全国总工会党组书记处的指示和要求，中国工人出版社和各全国产业工会、地方工会合作，精心推出“优秀技术工人百工百法丛书”，在全国范围内总结100种以工匠命名的解决生产一线现场问题的先进工作法，同时运用现代信息技术手段，同步生产视频课程、线上题库、工匠专区、元宇宙工匠创新工作室等数字知识产品。这是尊重技术工人首创精神的重要体现，是工会提高职工技能素质和创新能力的有力做法，必将带动各级工会先进操作法总结、命名和推广工作形成热潮。

此次入选“优秀技术工人百工百法丛书”作者群体的工匠人才，都是全国各行各业的杰出技术工人代表。他们总结自己的技能、技法和创新方法，著书立说、宣传推广，能让更多人看到技术工人创造的经济社会价值，带动更多产业工人积极提高自身技术技能水平，更好地助力高质量发展。中小微企业对工匠人才的孵化培育能力要弱于大型企业，对技术技能的渴求更为迫切。优秀技术工人工作法的出版，以及相关数字衍生知识服务产品的推广，将对中小微企业的技术进步与快速发展起到推动作用。

当前，产业转型正日趋加快，广大职工对于技术技能水平提升的需求日益迫切。为职工群众创造更多学习最新技术技能的机会和条件，传播普及高效解决生产一线现场问题的工法、技法和创新方法，充分发挥工匠人才的“传帮带”作用，工会组织责无旁贷。希望各地工会能够总结命名推广更多大国工匠和优秀技术工人的先进工作法，培养更多适应经济结构优化和产业转型升级需求的高技能人才，为加快建设一支知识型、技术型、创新型劳动者大军发挥重要作用。

中华全国总工会兼职副主席、大国工匠

高凤林

作者简介
About The Author

蔡连财

1971年出生，中远海运特种运输股份有限公司副总经理，高级船长。

曾获“中央企业劳动模范”称号，是交通运输部科技专家库成员，享受国务院政府特殊津贴。2018年，在公司工会指导下设立“蔡连财劳模创新工作室”。2020年，被广东省总工会命名为“广东省劳模和工匠人才创新工作室”。带领团队开展技术创新，取得丰硕成果。2023 年，被广东省总工会评选为“南粤工匠”。

蔡连财同志从事特种船货运技术相关工作 30 余年，牵头完成了多个超大型海洋工程装备的海上浮装项目。成功指挥 10 万吨级半潜船“新光华”轮装载 3 万吨级圆筒型 FPSO“希望六号”，以及 4.5 万吨重的“泰湖”轮等浮装作业操作。在半潜船领域具有丰富的现场经验和突出的指挥能力，突破了一系列“卡脖子”技术难题，是该领域的技术权威。蔡连财同志累计获省部级科技奖励 5 项，获专利授权 19 项，申请发明专利 9 项，发表科技论文 6 篇，出版专著 2 部。

"举重若轻的实力，举轻若重的精神"，

是我们半潜船运输从业者的理念。

目　　录
Contents

引 言
Introduction

习近平总书记指出，“经济强国必定是海洋强国，航运强国”，航运事业的发展也是中华民族伟大复兴的一部分。目前，我国船队总吨规模已经跃居世界第一，拥有世界上最大的半潜船队。在未来发展的过程中，如何进一步加强和巩固航运强国的地位，需要我们持续地进行技术积累和创新，以坚定的信念和饱满的热情，在强国复兴的道路上砥砺前行。

半潜船作为特种运输船舶，作业方式特殊，具有很高的技术含量，在大型海洋结构物运输安装、海上浮体货物装船运输、打捞救助等海洋工程领域起着不可替代的作用。浮装浮卸是半潜船常用的作业方式，涉及船舶下潜、带缆控制、定位坐墩、排水上浮等一系列操作，海上作业环境复杂，作业风险和操作难度较大，对操作人员的经验和技术能力要求很高。在船队规模不断扩大的同时，如何实现半潜船运输的高质量发展，确保作业的安全和高效，培养更多熟悉半潜船操作的工作人员，实现更大的经济和社会效益，成为半潜船从业者们不断努力的方向和目标。

本书主要阐述半潜船浮装操作的技术要点、常见问题，以及在作业过程中总结出的一些创新方法。这些方法都是在工作中逐渐积累起来的，包含了大量的实践经验和操作技巧。希望通过本书的出版，对从事半潜船事业的人员有所帮助。

第一讲

半潜船浮装原理概述

半潜船是一种特殊的货物运输船。半潜船货物装卸的方式主要有浮装浮卸、滚装滚卸以及吊装吊卸等，其中浮装浮卸的原理与潜艇相似，都是通过船舱注入压载水实现下潜。半潜船作业时，通过在专用压载水舱注入海水，增加船舶重量将主甲板潜入水中。其半潜的含义是指船首和船尾结构仍然露出水面。在船舶半潜状态准备就绪后，将浮体货物拖至半潜船主甲板上方定位，再通过排出专用压载水舱中的海水，实现半潜船起浮。半潜船起浮过程中，其主甲板上提前布置的垫墩将主动与货物底部接触，并缓慢将货物托举起来，直至浮出水面。这整个过程被称为半潜船浮装作业。半潜船的浮装作业与浮船坞类似，浮船坞甲板两侧一般都有坞墙，而半潜船基本上均为开敞甲板的形式。浮装作业如图 1 所示。

一、半潜船浮装概念

半潜船主船体内分布大量的专用压载水舱，通

图1　浮装作业示意图

过调节压载水舱内的压载水量可控制船舶的下潜和上浮。下潜时往舱内注入压载水来增加重力和吃水，上浮时将舱内压载水排出减少重力和吃水，一潜一浮之间，可将货物托举至水面上。与常规船舶运输不同，半潜船浮装作业过程中需留意以下几个特殊事项。

1. 下潜稳性

船舶静止漂浮于水面某一位置时，受到重力和浮力两个作用力，其大小相等、方向相反，在两者共同作用下，船舶处于平衡状态。船舶受到外力干扰时平衡状态将被破坏。当外力消失后，如果稳性充足，船舶将在浮力与重力的共同作用下恢复到原有的平衡状态；如果稳性不足，船舶浮态将难以恢复，甚至会产生倾覆翻转。一般用初稳性高的大小作为衡量船舶稳性是否充足的标准，而下潜稳性即是确保浮装作业过程有充足的初稳性高。半潜船浮装作业涉及大量的压排水操作，重力和浮力的平衡在不断地变化。主甲板潜入水中后，由于水线面积的突变，稳性会急剧降低，稍有疏忽就可能造成船舶倾覆。因此，半潜船浮装作业时，应特别留意下潜稳性。

2. 货物带缆和位置控制

浮体货物往往重达数千吨甚至上万吨，受海上风、浪、流等环境因素的影响处于不稳定的运动状态，因此，浮装作业需要对货物位置进行控制。浮体货物在拖轮的协助下，到达半潜船船边适当位置并稳住，通过带缆艇或拖轮从半潜船送出缆绳带到货物上，然后逐渐调整货物与半潜船的相对位置，直至将货物移动至指定位置固定。不同种类的货物需要采取不同的带缆方法，但其目的都是控制货物的运动或转动。如何实现快速有效的带缆并有效控制货物的位置，是半潜船顺利完成浮装作业的关键。

3. 货物定位和坐墩

浮体货物尺寸可达数十米甚至上百米，定位到半潜船主甲板铺设好的垫墩（一般为墩木）上，精度要求为厘米级别，在海上复杂环境下操作具有相当的难度。为此，装货前需要在半潜船上布置合适的定位工装，并在货物对应位置做出定位标记，通过缆绳控制和船舶水尺调整，选择恰当的时机，使货物准确地坐在预先铺设的垫墩上。精确的定位工装和成熟的操作方法，是货物准确定位和坐墩的前提，定位柱是最主要的定位工装。

4. 货物绑扎系固

船舶在航行中受风浪影响会发生横摇和纵摇，要保证货物不发生移动，就要对货物进行限位，即货物的绑扎系固。浮体货物外形各式各样，根据其特点，不同的货物需要选择不同的绑扎形式。有效利用绑扎材料对货物进行系固，是半潜船浮装作业的重要环节。

二、半潜船浮装步骤

半潜船浮装作业包括前期方案设计、锚地选择、甲板备舱、半潜船下潜、带缆控制、定位坐墩、排水上浮、绑扎系固等几个步骤，如图 2 所示。各个步骤之间相互关联，环环相扣。步骤虽不复

甲板备舱	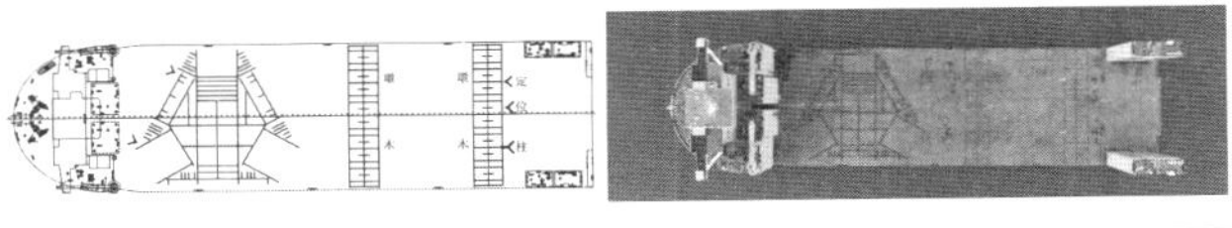
半潜船下潜	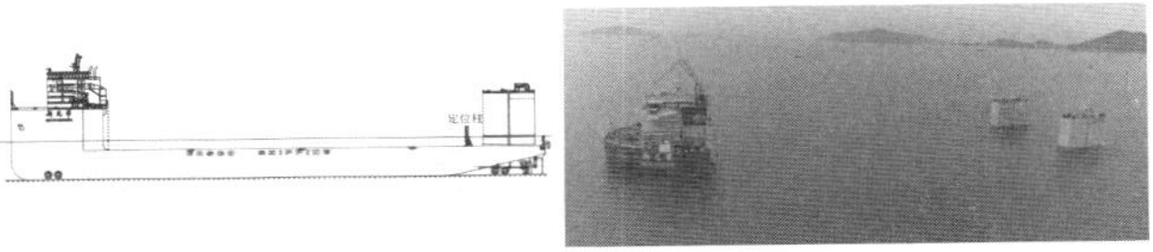
带缆控制	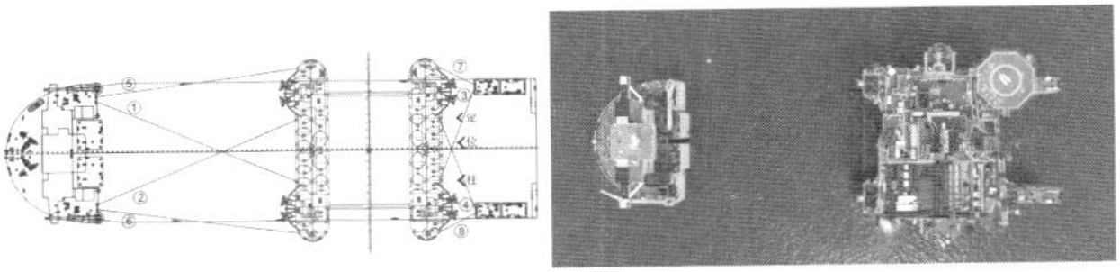
定位坐墩	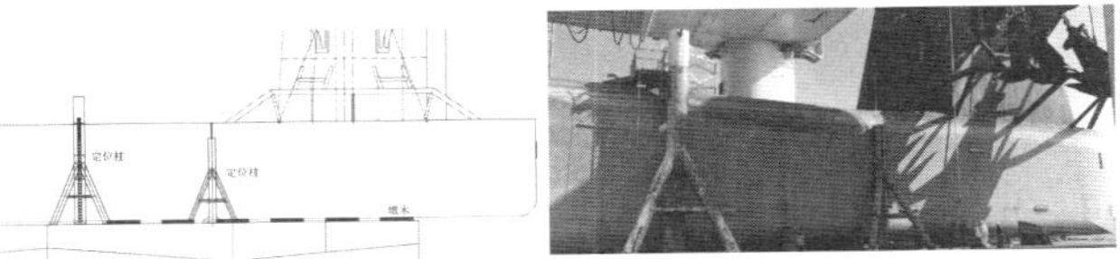
排水上浮	
绑扎系固	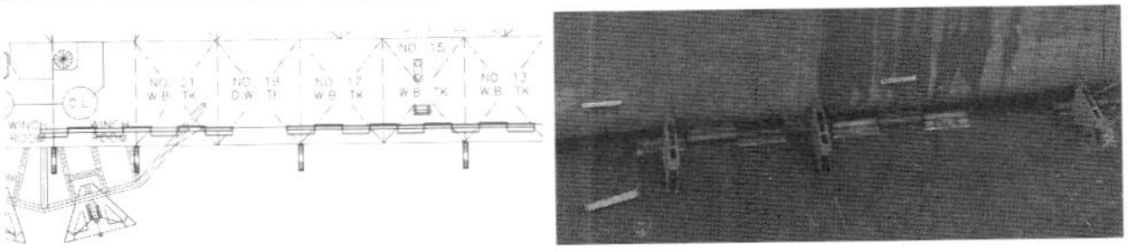

图 2　浮装步骤示意图

杂，但操作需要技巧方法，稍不注意就可能造成作业失败。

第二讲

浮装货物备舱作业的方法

甲板备舱是浮装作业的基础。备舱作业包括墩木和定位柱的画线、摆放和固定。就像给货物打个“地基”，再加一个“铅垂线”，甲板墩木作为货物底部的衬垫就是“地基”，甲板定位柱作为货物定位的参考点就是“铅垂线”。精确牢固的备舱是浮装作业成功的前提。

一、问题描述

备舱作业为按图施工，半潜船主甲板面积比足球场还大，基准线要求按照毫米的精度画线，然后按照画好的基准线摆放墩木和定位柱。由于备舱对精度和牢固度要求高，作业中常会遇到一些问题。

1. 画线形式问题

货物的形状大小不一，有长方体、圆筒形、多面体等不规则形状；货物布置的方向也有多个种类，有纵向布置、横向布置、斜向布置等。按照船舶坐标纵横方向标注画线，对常规货物可以满足要求，但对斜向布置或圆筒形的货物，因备舱时墩木与参考线有一定的夹角，会造成不准确、效率低的问题。另外，在甲板上量尺画线时，受天气影响，也会影响画线精度。

2. 墩木固定问题

如图 3 所示，以往墩木固定多采用扁铁环绕压紧固定的方式，坐墩时货物会与扁铁接触发生剐蹭，导致扁铁磨断的情况时有发生，造成墩木漂失；同时剐蹭也会破坏货物底部油漆；此外，扁铁固定焊接量大，墩木固定效率低。

3. 定位柱摆放问题

定位柱重量 5~10t 不等，主要使用叉车在主甲板移动，定位柱精度要求高，经常遇到摆放不准确、方向不精准的问题。

二、解决措施

根据备舱中出现的作业问题，有针对性地制定了一套改进的方法，具体如下。

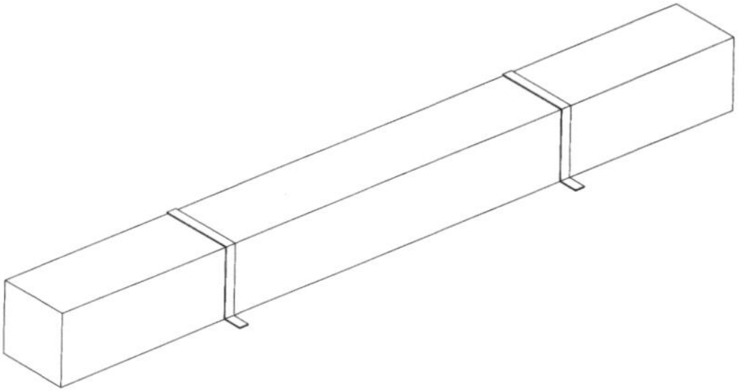

图 3　墩木旧式固定方法

1. 制定画线的方法和原则

针对画线形式，根据不同的货物形状和墩木摆放要求，制定了多种画线方法，如图 4 所示。

（1）纵横画线法

以船舶纵、横坐标为坐标系，从原点往纵向和横向两个方向画出参考线，并进行横、纵坐标的标注。如果画线区域较大，可以分割出四个象限分别画线。

（2）倾斜画线法

以船舶甲板某点为坐标系原点，沿船舶纵向旋转一定角度，形成新的坐标系和参考线，再进行画线。

（3）辐射画线法

以船上坐标某点为中心，向各个方向沿直线伸展出去，并标注距离刻度，进行画线定位。

画线的原则为：根据设计图纸选用合适的画线方法，根据天气选择合适的画线时机；找准画线的原点，依次画出参考线并做出标记；做标记时拉紧

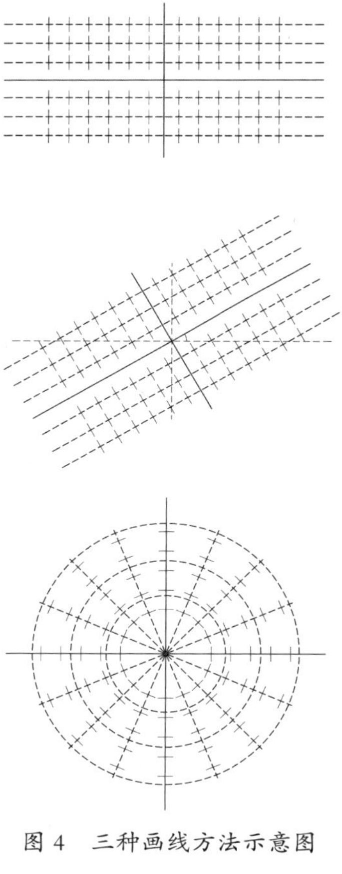

图 4 三种画线方法示意图

弹线，安排多人协作，避免弹线变形；较长的线确定好分段点，每段不宜过长；画线后利用测量工具或全站仪等测量设备，按照设计图纸进行准确度校验核对，确保画线满足施工要求。

2. 改进墩木的固定方法

改进后不再使用扁铁环绕压紧固定的方式，而是采用侧面钢板固定，钢板不与货物接触，避免剐蹭破坏。为了提高作业效率和固定效果，针对不同的墩木高度，采用不同的固定方法。如图 5 所示，具体如下。

（1）低位墩木固定法

一层或两层的墩木，使用带孔的方形钢板或角钢固定，将其底部在甲板焊牢生根，通过钢板或扁铁上的螺钉孔拧上螺钉，并用扳手旋紧固定，使墩木、角钢和甲板紧密固定在一起。固定螺钉一定要打在铁片或角钢螺钉孔的上端，预留下行空间，避免因货物坐墩，固定螺钉伴随墩木下沉而折断。

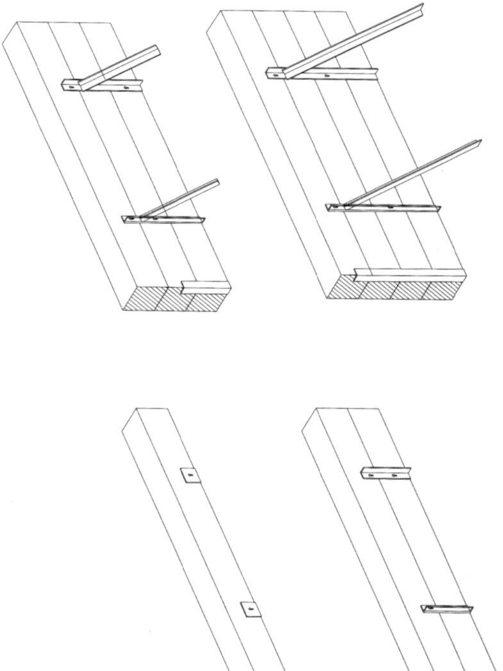

图5 改进后的墩木固定方法示意图

（2）高位墩木固定法

两层以上的墩木固定，一般使用带孔角钢或工字钢固定，同样将其底部在甲板焊牢生根，并用螺钉上紧固定，另外使用斜撑角钢，防止墩木倾倒，在边角使用垂直角钢，防止墩木水平移动，使墩木、工字钢和甲板固定在一起。

3. 定位柱的摆放和移动方法

定位柱底部呈三角形分布，如图 6 所示，首先标出定位柱碰垫基准点中心坐标，再从中心坐标处向两侧延伸出与碰垫表面平行的辅助线。定位柱到位后，分别测量定位柱两支撑腿根部到平行辅助线的距离。如距离不同，可使用叉车微调直至距离相同，以此可确保定位柱接触面的角度无误。

移动和摆放定位柱是一项高风险作业，需要采取足够的安全措施。以高度为 8m 的定位柱为例，移动定位柱要使用负荷至少为 5t 的叉车。在定位柱两支撑柱之间将双叉伸入定位柱横梁下方，调整双叉角度至平行起升；在定位柱约 6m 高处系住两根

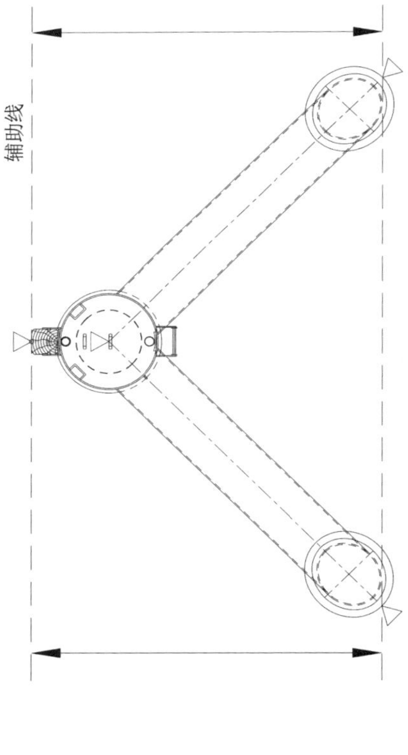

图 6 定位柱辅助线定位示意图

绑扎带与叉车尾部拖带扣连接并收紧；在叉车前部再系一根绑扎带绕过定位柱主柱并收紧。定位柱绑妥后，叉车缓缓抬升，至定位柱三条腿全部脱离地面约 3cm，开始移动叉车。叉车行进时要最慢速，行进路线要设立警戒并确保路面无任何障碍物，如图 7 所示。

如果遇到摆放空间有限或定位柱过重的情况，则无法使用叉车进行移动和摆放。为此专门设计了利用便携式多轮平板车移动定位柱的工装和方法，如图 8 所示：在定位柱底部安装支撑结构，将千斤顶放在支撑结构与地面之间，伸长千斤顶，将定位柱抬离地面。随后将多轮平板车放在支撑结构下，缩短千斤顶，定位柱坐在多轮平板车上，利用人力或叉车拖动多轮平板车。这种方法比叉车移动更加灵活，定位柱可以移动到半潜船上的任何位置，并且移动过程中平稳安全。使用该方法时须注意：操作人员应经过系统培训，并严格听从指挥，确保定位柱同步起升和下降，防止定位柱发生倾覆。

图 7　叉车移动定位柱方法

图 8　便携式多轮平板车移动定位柱示意图

三、实施效果

（1）不同种类的货物可以灵活选用画线的方法，提高了画线的适用性。墩木和定位柱按照参考线摆放，提高了备舱的精度和效率。

（2）通过改进墩木的固定方式，减少了备舱焊接的工作量，解决了货物底部磨损、墩木固定松动漂失的问题。节约了船期和物料的成本，提高了航次效益。

（3）通过改进定位柱的移动和定位方法，改善了船员移动定位柱的安全性，提高了定位柱的安装精度。

第三讲

半潜船下潜上浮的操作原则

空船下潜是浮装作业的前提。在货物到达装船作业点之前，半潜船需要按既定的作业计划下潜到位，以确保在有利的时间窗口执行浮装作业。

排水上浮是浮装作业的重要步骤，上浮过程中货物逐渐坐墩。除了船舶上浮的稳性和效率，还要特别关注上浮过程中货物坐墩的时机，及时控制货物位置实现精确坐墩。

一、下潜操作原则

1. 问题描述

空船下潜作业需要操作人员有一定的经验，了解本船压载系统结构，熟悉船舶压排水操作原理和方式，提前制订压排水计划。但由于半潜船压载舱数量众多，作业时需要同时操作很多压载水舱，下潜作业中也会遇到一些问题，典型的问题如下。

（1）空船下潜稳性不足造成船舶横倾。因为船员更替，不断有新的人员执行下潜操作，作业过程中时有发生较大横倾的情况。

（2）下潜速度慢，不能按照计划的时间节点完成下潜。半潜船压载系统一般包括压缩空气压载系统和泵压载系统，舱室的透气系统也有区别。作业中会出现部分舱室不能压满，半潜船尾部不能顺利下潜的问题。

（3）设备出现故障，影响下潜作业，比如水密门等结构漏水、浮箱松动等。

2. 解决措施

针对以上问题，依托劳模创新工作室，本人带领技术团队分析研究，总结制定了专门的操作规程，使得作业有规可循，操作人员能够较快上手。作业前，船舶大副根据该航次的资料和操作规程，考虑本轮实际情况制订压排水计划，对整个作业做到心中有数。

（1）隐患先排查

为了保证下潜及后续作业的顺利进行，制定了下潜作业检查表，提前进行全船检查，主要包括：

①试验压载系统

装货前 1~2 周，船上需进行一次压载系统的全面试验，包括所有空压机、压载泵及阀门的功能试验，发现问题，立即安排相关负责人检修维护，确保整个压载系统功能完整。

②缆机及缆绳检查

收到货载计划后，船上要检查所有相关缆机及货缆状况，确认完好。缆绳需全部松出并重盘，防止在装货带缆时，缆绳卡住无法松出。

③浮箱固定螺栓检查紧固

半潜船浮箱固定分为直接焊接和固定螺栓连接两种方式。对于固定螺栓连接的浮箱，需在下潜前对所有固定螺栓进行紧固，防止因船舶在航行中的摇摆造成螺栓松动。

④水密门检查

下潜之前，要检查所有水密门及出缆孔是否关好，可用皮龙冲水、光照等方式检查其水密性。

⑤甲板物料固定

甲板上所有可能移动的物品，如绑扎件、墩木等要进行固定和检查，确保不被冲走。

（2）下潜依原则

为了改善空船下潜的稳性和效率，制订空船下潜压排水计划时，需遵循以下原则：

①压载顺序要自下而上层层压满。

②尽量减少半载舱数量，以减少自由液面，从而提高船舶稳性。

③识别下潜过程中稳性的极限状态，尽量以首倾浮态入水，以增大水线面积，提高稳性。

④制订压排水计划时，尾部压载舱不要全部压满，通常在尾部中层预留一对压载舱空舱或半舱，作为尾甲板下潜的余量。

⑤到达装货水尺时，浮箱水位以等于或略高于外部水位为宜。

此外，应注意下潜操作需要理论与实际相结合，下潜过程中要实时观察船舶吃水，并与压排水计划做对比，如果发现吃水或纵横倾差异较大，应暂停作业进行分析排查，特别在下潜稳性比较极限的阶段。为了方便对比，本人制作了船舶浮态快速计算工具，利用观察水尺标记处的吃水，可以快速计算船舶首尾、左右舷的吃水，与压排水计划实时对比。

下潜过程中压载舱注水和水尺标记观察的示意图如图 9 所示。

（3）操作分阶段

为提高半潜船下潜作业的效率，将下潜作业分为几个阶段，采用不同的操作方法控制船舶浮态。下潜过程宜保持拱头即首倾浮态。

①初始拱头阶段

初始阶段先做拱头使前甲板没水，注意拱头阶段尾部要同步压水，不要使尾吃水减小，保持尾甲板高于水面约 0.5m 即可。在半潜船主甲板下，最上层压载舱的透气管绝大部分都靠近后舱壁，因此在拱头阶段应尽可能将上层压载舱自压补满。根据

图 9　下潜注水和水尺标记观察示意图

不同船舶的实际情况，一般拱头至3~4m吃水差，开始下潜尾部。

②尾部下潜阶段

尾甲板没水是空船下潜稳性变差的临界点，因此，在尾甲板没水前应减缓压水速度，谨慎操作，仅靠浮箱或预留的中层压载舱压水使尾甲板入水。如果船舶稳性较差或已知多个上层压载舱未补满，可以略微横倾，使尾甲板一边先入水，再使另一边入水，保证船舶主甲板以平稳的浮态入水。

③平行下潜阶段

当主甲板全部没水后，船舶TPC（船舶每厘米吃水吨数）会显著减少，因此要控制开舱数量，继续下潜的同时减少吃水差，同时可根据实际情况将主甲板下未满的压载舱继续补水。

下潜过程中若出现横倾较大的情况，需要减少横倾而反向调整压载时，尽可能使用首部泵压载舱或尾浮箱。需注意阀门关闭要有提前量，避免阀门操作反应滞后而矫枉过正。调整的目标是减缓横倾而不是要完全调平，尤其是稳性较差的时候。如果调整时船舶转向另一侧横倾，会因为惯性造成更大的横倾角度。因此直至到达最终下潜深度之前，尽量保持船舶向一侧略微横倾，这样比两侧反复横倾来回调整更为可取。

④到位保持阶段

到达指定下潜深度后，直到货物到位开始上浮之前，大副仍要保持警惕，确保船舶始终保持稳定的下潜浮态。经验表明在即将下潜到位时，使用压载泵压、排生活区后壁交界处的压载舱或尾部浮箱，可以在稳定船舶吃水的同时很好地微调横倾。

二、上浮操作原则

1. 问题描述

船舶排水上浮操作与下潜作业类似，不同的是下潜需要压水，而上浮需要排水。排水与压水的操作方法也不相同，如不留意，同样会出现船舶横倾、稳性不足的问题。浮装作业从船货带缆、定位坐墩到船舶上浮是连续的操作过程，需注意提高上浮排水的效率，如果上浮速度过慢也会影响浮装作业进程。

2. 解决措施

针对上浮过程中遇到的问题，按照上浮作业的不同阶段，制定了操作指引，具体如下。

（1）排水准备阶段

为了提高上浮作业的效率，在船舶下潜到位后，即可准备上浮操作。提前启动空压机，在预留空舱备压，待货物到位且位置稳定后，便可根据港口船长的指令排水上浮。备压过程中要注意空气总管压力不要超过限值。

（2）排水起浮阶段

在开始上浮至货物坐墩之前，要选择船舶漂心附近的上层舱排水，使船舶平行上浮。不同半潜船的漂心位置有所不同，通常在主甲板与生活区后壁交界处的压载舱内。此阶段要注意控制排水速度并且稳定船舶浮态，给微调缆绳留出操作时间和空间。因刚开始起浮时开舱较少，空气总管压力会上升较快，因此空压机加载数量不宜过多。如压力接近限值，可考虑多开空舱注压，或打开正在注压舱的透气阀释放压力。

（3）货物坐墩阶段

为确保坐墩前后货物位置不发生变化，宜采用平行坐墩法。具体做法是根据货物吃水和长度，估算货物的倾斜角度，以此角度调整坐墩时半潜船的浮态，实现货物底部与甲板墩木平行接触。当货物底部和墩木快要接触时，密切关注定位柱的贴合情况，保证货物定位准确后再排水慢慢上浮。应用这一方法的关键是要根据不同货物的形状和倾角，制定与其匹配的船舶浮态，需要提前策划。

货物坐墩后，船货稳性开始改善，可加开压载舱排水，以加快排水速度，此时应先排船货联合水线面中心附近的压载舱，使船舶平行起浮。待货物吃水减少至装船吃水的一半时，可使船尾上浮速度略快于船首，保持船舶略微首倾。当浮箱和首部泵压舱水位高于外部水位时，便可打开其海底阀重力自排，以提高排水速度。

（4）主甲板出水阶段

当主甲板即将出水时应保持略微首倾的浮态，但不必达到空船下潜时的吃水差，一般保持 2m 以内吃水差即可，如浮装较为极限的货物，则需要较大的首倾。主甲板出水后，可适时调整至尾倾状态，以利主甲板积水流出，从而保证后续绑扎作业的有序开展。但做尾倾时要注意保证尾吃水不要再次增大。

（5）主甲板出水至开航吃水阶段

①船舶浮态调整

如货物较重或开航吃水较小，需要尽量排空大量压载舱，则需根据不同压载舱的排水孔（或吸口）位置适当调整船舶浮态，再行排空。如排水孔位置靠近前舱壁，则保持适当首倾；排水孔位置靠近左舱壁，则保持适当左倾；反之亦然。

②舱内压力控制

对于空压舱（空压机控制排水舱）排空，除保持船舶适当浮态外，还要注意控制排水压力。首先根据舱内外水位高度差，计算出排水所需的最小压力。而后通过调整空压机数量和备压空舱的数量，控制目标排水舱压力略高于所需压力，并持续缓慢向舱内注压。尤其在舱内所剩水量较少时，因舱内加强结构阻挡的原因，舱内其他位置的水向排水孔处流动时速度会逐步减小。此时可通过调整船舶浮态、控制开启排水阀的时机和次数，将舱底水排出舱外。

③舱内水量控制

排水过程中大副要严密监控各压载舱内的剩余水量。对于上层压载舱，在水量剩余10%时即可关闭海底阀，待舱底高度高于外界水位时，再打开海底阀自排即可；对于不需要完全排空的中、下层舱，在舱内水量所剩不多时要及时关闭海底阀。防止压缩空气从海底阀出口大量排出，进入附近海底门，被机舱冷却海水泵吸入，导致主机温度无法冷却而跳电。

④开航稳性调整

通常情况下，半潜船航行稳性高度较其他类型船舶高出很多。这样就会带来横摇周期短、横摇加速度大等问题。根据具体货载情况，可在调整开航吃水时，将上层压载舱压水，同时排空底层压载舱，以适当提高船舶重心，达到减少稳性高度、减小横摇的目的。

三、实施效果

通过制定压排水操作规程，显著减少了半潜船下潜、上浮不稳定的情况。新的操作人员通过培训，能够快速掌握压排水的方法技能，在计划的时间内完成下潜和上浮作业，确保了货物带缆、定位坐墩的顺利进行，保证浮装作业按照计划时间推进。提高作业的效率，赢得宝贵的船期。

第四讲

货物带缆和定位坐墩的操作方法

系缆操作是浮装作业的纽带。半潜船与货物之间通过缆绳进行连接和位置调整。一般来说，缆绳通过带缆艇按照港口船长指挥的顺序先后带上，使船货之间连接，完成货物移动、定位操作。

货物位置控制和定位坐墩是浮装作业的核心。船舶下潜到位，准备装载货物时，货物一般由拖轮拖带，朝着顶风或顶流的方向慢慢靠近半潜船舷侧。当拖轮拖带货物抵达适当位置时，由船舶松下缆绳，经过带缆艇的协助，按照预先设计好的方式，带至货物上指定位置。船首左、右和船尾浮箱送出的缆绳一般左右交叉带妥，通过对不同缆绳的松出或绞入，可以控制货物在甲板的指定位置。风、流影响较大时，拖轮也可使用不同的拖带力抵消风、流作用，协助控制货物在甲板的定位。

定位柱是货物坐墩定位的重要工具，类似于“铅垂线”的作用，其强度和精度要求较高。使用过程中，需要确保其自身有足够的精度和强度，同时应避免其影响装货带缆作业。本节专门对定位柱使用中遇到的问题及改进优化进行总结。

一、货物带缆和定位

1. 问题描述

在货物带缆和位置控制的过程中，会遇到以下问题。

（1）遇到锚地转流，货物受力发生改变。锚地转流的精确时间不好预测，如果遇到转流需要临时调整缆绳受力，对操作带来挑战。作业途中天气突然变差如阵风阵雨等，也会给操作带来不利影响。

（2）带缆艇操作困难，带缆效率不高。带缆艇体积和动力较小，需要根据水流情况灵活操作。装货缆绳数量较多，为了保证起浮坐墩的作业窗口，带缆作业要求高效准确。操作中会出现带缆操作不及时，影响装货时间的问题。

（3）带缆人员不清楚带缆顺序和连接位置。海上作业环境比较复杂，带缆人员在货物与半潜船之间穿梭作业，容易出现识别不清、带错位置的问题。

（4）带缆操作顺序不合理。已经带好的缆绳不能起到控制货物位置的作用，造成后续缆绳连接困难。

（5）多件货装船时，带缆不便，货物位置不易控制。

（6）坐墩时机和上浮作业配合不好，容易造成定位不准确问题。上浮过程中货物一旦坐上墩木，将无法被缆绳拖动。起浮坐墩后检查定位情况，时有出现货物挤压定位柱或远离定位柱的问题，表明货物的定位坐墩精度有偏差。

2. 解决措施

根据以上情况，分别制定了对应措施。提前进行气象预测；制定带缆艇操作规程，指导带缆艇作业；制定船舶缆绳编号规则，改善作业中指令不清、作业不明的情况；制定典型货物的带缆方案等，指引操作人员进行良好的操作。

（1）提前收集气象信息

提前预判锚地转流时间，避免转流期间进行货物位置控制作业。一般到达作业位置后，通过连续的观测记录，详细了解当地的水文资料、转流时机等。通过与定点气象预报做对比，做到心中有数，核实作业窗口期，尽量避免在转流的时候作业。如遇货物数量多、作业时间长，一个潮水周期内不能完成作业的情况，可以在窗口期内作业一部分，然后停止作业，待转流结束后，再继续作业。较小的货物可以通过拖轮协助跟着半潜船同步转流，较大的货物则宜选择坐墩与半潜船一起转流。一般而言，仅靠缆绳，不足以保持货物和船舶一起转动，这点需要特别注意。

（2）制定带缆艇操作规程

带缆艇尺寸较小，受作业水域环境的影响不易控制，带缆和系缆作业的操作要点和注意事项如下。

①出缆

通常半潜船各作业点人员先将缆绳放低至距水

面 1~2m，带缆艇靠近后利用艇钩将缆绳拉至带缆艇上，留足一定长度缆绳后系妥，带缆艇拖着缆绳向货物靠近。如带缆艇无法靠近，则可由半潜船抛撇缆绳至带缆艇，再将缆绳引过去。

需留意带缆艇经过区域的水深，原则是带缆艇受涌浪作用上下起浮之后，艇底仍有足够安全余量，方可同意带缆艇开到甲板上接缆。如带缆艇无法穿越半潜船主甲板，则半潜船需提前在左前、右前之间及左右浮箱之间连接好引缆，将缆绳引至进货的一侧交给带缆艇。带缆艇接缆时，船头应尽量朝向目标，使用低速驶近缆绳下方，用艇钩钩住引缆，再往艇上拉缆。拉缆时根据货物的干舷高度及带缆艇可接近货物的最近距离，适当多拉些缆绳堆放在艇内，并将缆绳中段固定在带缆艇的缆夹上。艇长应根据艇体受风浪影响而颠簸的剧烈程度，适当使用车舵配合，避免带缆艇艇员被摇出或甩出舷外。

②松缆

带缆艇系妥缆绳向货物靠近，同时半潜船跟着松缆。带缆艇行进过程中要充分考虑水流对带缆艇的动态影响，时刻控制艇速，不要超过半潜船松缆速度，防止出现倒拖而造成险情；带缆艇还要控制行进角度，防止缆绳绞缠螺旋桨；半潜船此时通常以最大速度松缆，但也要关注带缆艇实际行进速度，避免盲目松缆过多使缆绳随流漂远，造成其他不利后果。

③缆绳上货

带缆艇抵达货物缆孔处，要尽快将缆绳交给货上带缆工人而后驶离。递缆过程中带缆艇上人员要站稳扶好，但切忌用手扶带缆艇边缘，防止因带缆艇受涌浪冲击而产生颠簸将手指夹伤。抵近货物准备递缆时，应控制速度，尽量从货物的侧面给缆。货物上和艇上均应提前准备好撇缆。因为带缆艇颠簸，艇上撇缆人员存在一定的风险，应优先从货物往艇上撇缆。港口船长应要求各拖轮在带缆期间安排人员在拖轮驾驶台附近观察带缆艇作业，需要拖轮停车配合时，或者发现拖轮对带缆艇造成威胁时，应及时通知拖轮驾驶员，并与拖轮或半潜船港口船长沟通。带缆艇机动时，拖轮应停车，防止排出流影响带缆艇，不允许带缆艇横过拖轮排出流的区域。驾驶台值班人员应注意过往船只，如有大船或高速船经过，应通知带缆艇停止作业，到合适位置躲避。

④其他注意事项

所有参与带缆人员均需穿妥救生衣；各作业点人员要听从指挥，听到命令后要回复确认；因视线角度受限，指挥人员无法关注到各点位状态，因此任何人员发现问题都需第一时间提醒。

（3）对船舶与货物缆绳编号

通过给船上的缆绳进行编号，方便指挥人员和作业人员操作。船舶缆绳编号原则如图 10 所示。

通常情况下，根据货物最终就位时的货缆位置，按以下顺序编号：1 号左前交叉缆，2 号右前交

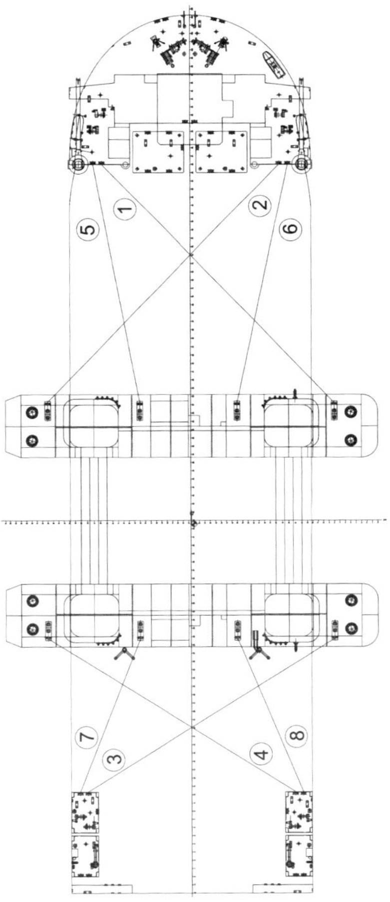

图 10　船舶缆绳编号原则

叉缆，3 号左后交叉缆，4 号右后交叉缆，5 号左前直缆，6 号右前直缆，7 号左后直缆，8 号右后直缆。

（4）制定典型货物带缆流程

通过典型货物带缆流程，为设计和操作人员提供指导。制定装船带缆操作方案时，需核对每一步的货物位置控制情况，原则是货物的前、后、左、右、左旋、右旋六个自由度均有约束。通过对不同货物的特点进行研究，形成一套货物位置控制的方法。

对于方体和多面体货物，以左舷进货向后对位为例，船、货系缆流程为：当货物由拖轮控制到达半潜船左舷约 30m 处时，先带 1 号、3 号缆绳。缆绳带好后，需立即绞离水面，协助控制货物浮态，同时 1 号、3 号缆绳对应位置的拖轮停止带力。货物向半潜船缓慢靠近过程中，应保持货物浮态稳定防止偏转。当货物刚刚进入半潜船主甲板，1 号、3 号缆绳接近船舶首尾方向带力时，开始带 2 号、4 号缆绳，以免货物发生偏转触碰浮箱或定位柱。2 号、4 号缆绳带妥后，拖轮缆绳需全部松弛，由半潜船4根交叉货缆控制货物右进。4根货缆全部保持受力状态。货物跨过舷边后，继续缓缓绞进2号、4号缆，同时等量松出1号、3号缆。若出现偏转可通过单独点位缆绳微调，直到货物右进到位。当货物左右位置基本到位时，带5号、6号、7号、8号缆绳，如图11所示。

对于圆筒形货物，需要半潜船和拖轮共同控制避免货物发生旋转，半潜船和拖轮连接缆绳的方法相似。具体带缆方法为：将两根缆绳一端呈八字状带到货物两个点上，另一端同时连在过渡三角板上，再将三角板连接到拖轮或半潜船缆绳上。八字缆绳不但可以控制货物移动，还可以防止发生旋转。改进前后的带缆方法如图12所示。

（5）多件货物坐墩定位方法

浮装多件货物时，货物位置不易控制，建议将货物依次装船坐墩。可以先装吃水大的货物，再装吃水相对较小的货物；货物吃水相同时，可以采用高度不同的墩木。通过不同的坐墩时机和坐墩浮

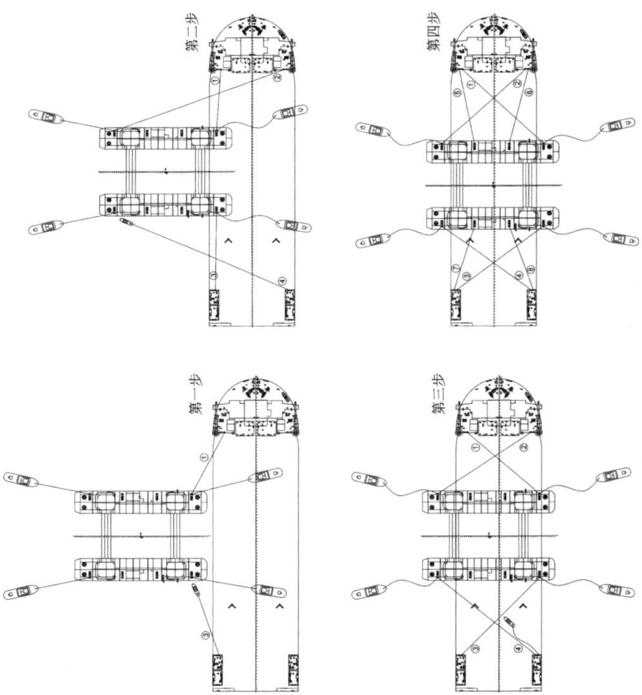

图 11 带缆顺序图

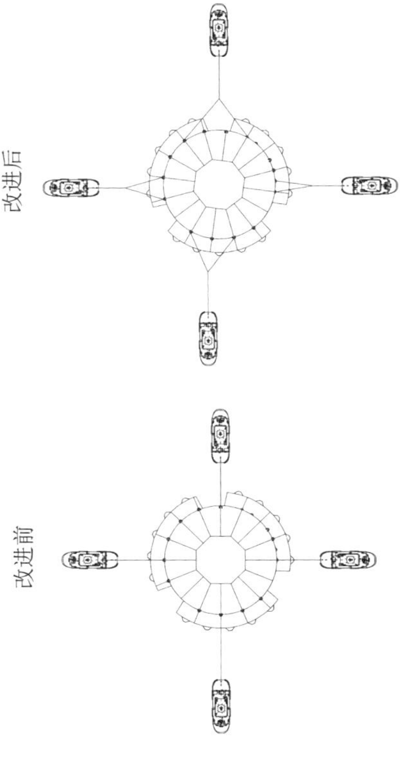

图12　改进前后的圆筒形货物带缆方法

力，达到先后装船的目的。除了依次坐墩的方法，还可以通过相互带缆的方式将多件货物固定在一起，同时进行装船和定位，完成坐墩起浮。

（6）上浮坐墩与缆绳控制

货物到位后，缆绳进行微调，准确定位后，收紧各固定缆绳，保持同时受力，定位点安排人员实时监控，报告现场情况，有异常及时调整。通常货物底部与墩木之间预留 1m 的富裕高度，因此在半潜船排水上浮的过程中，船、货相对位置会发生变化，从而导致缆绳张力发生变化。所以在开始排水至货物坐墩之前，要随时调整缆绳，尤其是快要接近坐墩吃水时，可适当减缓排水上浮速度，充分调整缆绳，精确对位后再继续排水上浮，直至货物充分坐墩。

二、定位柱的改进

定位柱高度为 6~10m，固定在半潜船主甲板上，半潜船主甲板潜入水中，定位柱露出水面作为浮装作业的定位参考点。在货物外侧接触定位柱的位置做好标记，通过货物标记与定位柱进行接触，有效控制货物与半潜船的相对位置。定位柱对货物定位坐墩有重要作用，本人根据操作经验对其提出改进，提高了定位柱的精确性和实用性。

1. 问题描述

传统定位柱在装货作业中，遇到过以下问题。

（1）定位柱底座不水平，定位柱自身不垂直。传统的定位柱由垂直圆管与底部水平方管组成，垂直管和水平管通过斜圆管相连，如图 13 所示。定位柱受到货物撞击容易造成垂直圆管和水平方管的变形，定位柱自身不能垂直立于半潜船主甲板上，影响定位精度。需要在每次作业前对定位柱进行校正，船上作业条件有限，校正的精度难以保证。

此外，传统定位柱均采用方木作为碰垫，方木几乎没有弹性。受到货物挤压容易破裂变形，碰撞后直接把撞击力传递到定位柱主管和支撑管，也容易造成结构变形。

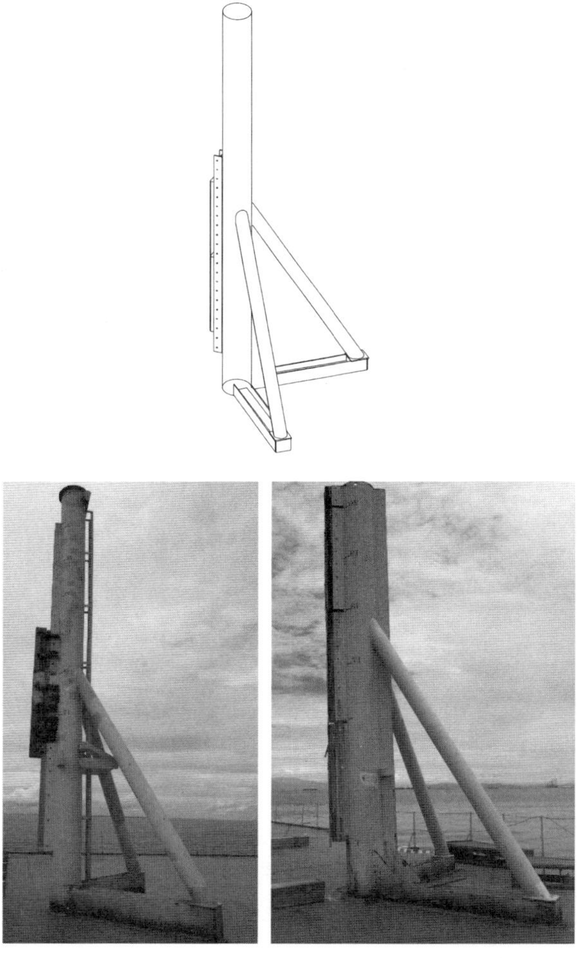

图 13 传统定位柱形式

（2）定位柱强度不够，撞倒后会沉入水中。传统定位柱设计非水密，撞倒后不能漂浮，沉入水中无法收回，如果落到半潜船甲板上妨碍装货，半潜船就不得不起浮清理，然后重新进行下潜作业，造成船期延误和经济损失。

（3）定位柱挂缆绳，影响装船作业。定位柱顶部露出水面，货物带缆和浮装作业时，装货缆绳需要跨过定位柱，经常出现缆绳挂到定位柱顶部的情况，影响浮装作业。另外传统定位柱顶部人员上下不便，没有合适的安全绳挂点，不利于定位柱的维修和保养。

2. 解决措施

（1）在传统定位柱的基础上，对结构形式和碰垫材料进行了改进，如图 14 所示。改进后的定位柱包括一根垂直主管和两根人字形支撑管，防撞碰垫为橡胶护垫。通过支撑管增加定位柱的强度，利用橡胶碰垫改善定位柱的抗撞能力。主管及支撑管的底端带有着地钢板，三个着地钢板的底端面在同

图 14　改进后的定位柱形式

一水平面上，即使出现定位柱不垂直的情况，着地钢板下衬垫一定厚度的垫板也可进行校正。

改进后的定位柱取消了传统定位柱的底部水平方管，在保证结构强度的同时减轻了定位柱的重量。另将主管的顶部与底部封闭形成密闭的内腔，使定位柱可以漂浮于水面上，即使遇到定位柱撞倒的情况，也可以通过拖轮将定位柱拖至安全的区域。

（2）为了校准定位柱的垂直度，设计出一套半潜船定位柱垂直度校准工装，包括定位柱本体、水平仪和对位标尺。使用时将水平仪放置在半潜船甲板上，在水平仪周围设置三个对位标尺，对位标尺上有显示高度的刻度，利用对位标尺的刻度调整水平仪的水平度，实现水平仪与半潜船甲板的水平放置；然后打开水平仪的垂直射线，转动水平仪使得垂直射线照在定位柱碰垫端面上，得到定位柱的垂直参考线，校准定位柱的垂直度，如图 15 所示。

（3）将定位柱顶部改成圆弧形状，如图 16 所示。顶部切角形成倾斜的圆弧端面，从而确保缆绳

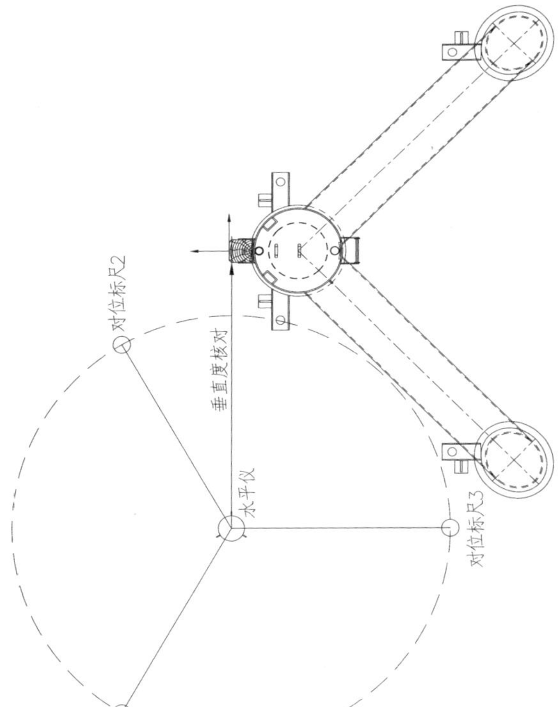

图15 定位柱垂直度校准工装

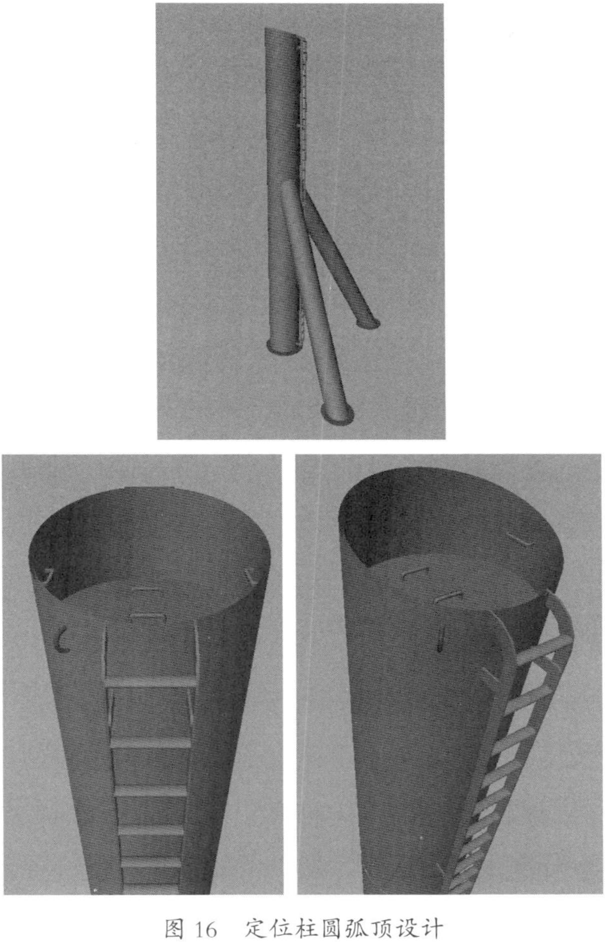

图 16 定位柱圆弧顶设计

不会挂在定位柱的顶部，利用圆弧端面和弧形扶梯使得缆绳自然滑落；定位柱侧面设置有爬梯和安全绳挂点，安全绳挂点位于爬梯的旁侧，便于工作人员登上定位柱的顶部时挂安全绳，还能防止缆绳卡在安全绳挂点和爬梯之间。另外在定位柱顶部密封板上设置把手，方便人员对定位柱进行维修和保养。

三、实施效果

（1）通过以上改进，有效地避免了装货期间发生转流的情况，避免了货物不受控制的情况发生；根据货物形状设置不同的带缆点和带缆方式，有效控制了货物的移动和旋转；多件货物装船也可以实现精确定位和坐墩。改善了浮装作业过程中对货物的控制。

（2）自从引入带缆操作规程和缆绳编号规则，带缆作业避免了指令不清、作业矛盾的情况。带缆作业更加及时准确，提高了带缆作业的安全性和效率，确保了装船作业时间窗口。

（3）通过对定位柱的改进，有效提高了定位柱的强度和精度；提高了定位柱的稳定性和抗变形能力；避免了缆绳挂到定位柱的情况出现；改善了定位柱维护的便利性和安全性；改进后的定位柱可以漂浮在水上，减少了定位柱漂失和装货滞期造成的经济损失。

第五讲

货物绑扎系固的作业方法

绑扎系固是浮装作业的保障。半潜船运输大件货物，因其构造的特殊性，绑扎系固方式与杂货绑扎有所不同。一般是采用钢质结构的固定绑扎件，将绑扎件一端顶住货物边缘或焊接在货物上，另一端与甲板焊接，限制货物的移动和翻转。绑扎系固的方式和形式，均需根据货载情况专门设计，并经过计算校核验证。

一、问题描述

在绑扎作业中经常遇到以下问题。

（1）绑扎件重量重、体积大、移动不便。绑扎件均为钢质结构，一般分为止移墩和挡箱两种，如图 17 所示。重量 300~700kg，长度 2m 左右，移动摆放不方便。

（2）绑扎件摆放位置不准确。绑扎件的固定位置是经过计算校核的，摆放时要尽量按图纸放置到位，否则可能造成安全风险，或者造成作业返工。

（3）货物外形不规则，时有发生标准绑扎件不

图 17　止移墩和挡箱

能适应货物形状的情况，不能对货物进行有效的限位绑扎。

二、解决措施

根据以上问题，分别制定了操作方法和应对方案，具体如下。

1. 绑扎件摆放方法

优先使用叉车协助绑扎件的摆放和对位。对于叉车无法到达的位置，可以使用手动液压工具配合摆放和对位。

对于止移墩，先使用大力车将其送至指定位置附近，再通过人力扶正并推动贴靠货物，最后通过撬杠对位置进行微调。

对于挡箱，当焊接位置到主甲板的距离小于挡箱高度时，可直接搭靠在焊接位置上固定，使用大力车将其运送至指定位置，再用人力扶正对位；当货物底部距主甲板距离大于挡箱高度时，则需悬空焊接，可先用大力车将挡箱抬升至最大高度，在挡箱底部工字钢下方垫入方木支撑，再将大力车下落，然后在大力车上垫好方木，将挡箱抬高，以此类推直至抬升至焊接位置，如图 18 所示。如果在货物内侧大力车无法进入，则可利用千斤顶采用相同方式进行辅助抬升。

2. 绑扎件精度调整方法

止移墩与货物之间经常需要垫入橡胶垫作为缓冲，单靠人力很难推动贴靠，为使三者之间紧密贴合，可先用叉车将止移墩顶紧再进行焊接。在叉车无法到达的位置，可在止移墩后部临时焊接一块支撑板，再用千斤顶将止移墩向前顶紧，而后再进行焊固。

挡箱在焊接的过程中会产生应力导致轻微变形，使原本紧密贴合的圆盘之间产生较大缝隙。为避免类似情况发生，在焊接之前，可先将相邻两圆盘点焊固定，如图 19 所示。通常点焊长度约 1cm，焊点 3~4 个，待焊固作业全部完成后再将焊点磨掉，使相邻挡箱之间恢复自由贴合。如焊接完成后无法

图 18　大力车辅助绑扎件摆放

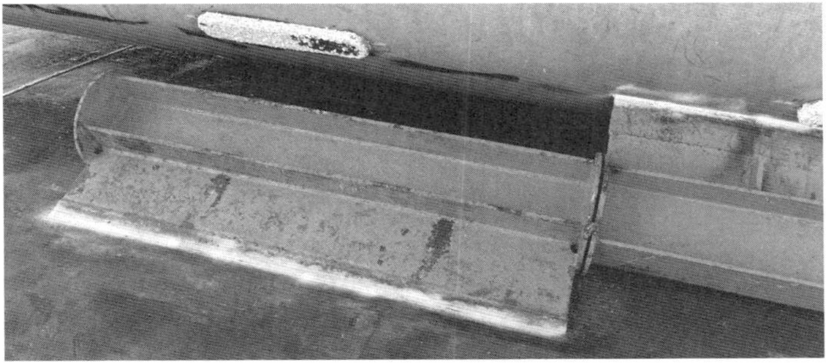

图 19　挡箱圆盘点焊固定

贴紧，则需塞入薄铁片焊紧。

半潜船起浮之后，开始绑扎作业之前，需尽快将绑扎件位置标绘出来，如图 20 所示。止移墩一般会顶在货物的加强肋骨位，首先对照图纸找到大概位置，再通过小锤敲击辨别声音变化的方法，找到肋骨的具体位置，以此为中心标绘出止移墩的位置。挡箱用来提供横向拉力，相邻挡箱外侧圆盘紧密贴合，挡箱主体交替焊接在货物横向加强结构和半潜船主甲板上。同样通过上述敲击辨声的方法，找到货物横向加强结构和中心肋骨位置，再根据 2m 的标准长度将所有挡箱焊接位置相继标绘出来。

图 20　绑扎件位置标记

3. 特殊外形货物的绑扎

特殊外形货物的绑扎需要根据货物的外形，设计不同的绑扎适配结构，安装在标准绑扎件上，匹配货物的外形进行绑扎。在长期作业积累中，形成了多种适配结构的设计方法。典型的绑扎适配结构设计如图 21 所示。

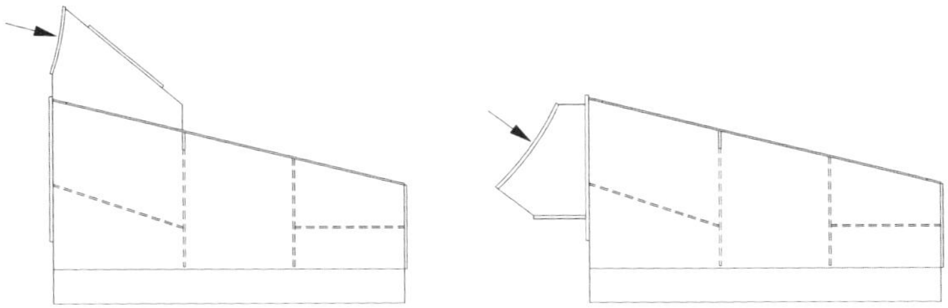

图 21　绑扎适配结构设计示意图

三、实施效果

利用配套的工装方法，有效提高了绑扎件摆放的效率和精度。通过特殊绑扎件的设计，适应不同外形货物的绑扎需求，确保货物绑扎到位，保障运输过程中的船货安全。

后记

创新是国家发展进步的生产力，也是企业生存发展的动力源泉。从一名普通船员成长为一名央企劳模，我对此深有体会：创新，就是每天再改进一点；创新，就是每天再进步一点；创新，就是每天再突破一点。

半潜船的发展不是简单的时间堆砌，历代船员、管理人员都积极摸索，付出了巨大的努力。老半潜船船员利用肩扛手提，完成备舱等艰辛工作；新一代的半潜船船员不仅会开铲车、带缆艇，还学会气刨、等离子切割等技术。半潜船的货运技术也在发展中从无到有，从有到强。

2018 年，在公司工会指导下，设立了以我的名字命名的劳模创新工作室，2020 年，被广东省总工会命名为“广东省劳模和工匠人才创新工作室”。我带领团队针对公司经营发展中遇到的难题和瓶颈，持续开展技术研究和科技攻关。我们通过技术攻关，多次突破极限，完成了数十个超大型海洋工程装备的海上浮装作业，为中国装备走出去作出了积极贡献。除浮装作业外，我们还在动力定位浮托安装海上大型平台领域取得重大突破，发展成为该细分领域无可争议的行业领导者；开发出“可折叠商品车专用框架”，开展纸浆船运输商品车的业务，不但为公司赢得了效益，还为解决中国商品车出海难题，发挥了央企应有的社会责任。

有幸见证新时代不平凡的发展历程，深感个人的事业与企业的壮大密不可分，企业的壮大与祖国的发展密不可分。今后，我将继续发挥好带头作用，充分利用劳模创新工作室这个平台，以工作实践促进职工进步发展，用科技创新来提升公司“成长潜力”，为中国式现代化贡献中远海运力量。

2023 年 8 月

图书在版编目（CIP）数据
蔡连财工作法：半潜船浮装操作 / 蔡连财著. —北京：中国工人出版社，2024.6
ISBN 978-7-5008-8287-9
Ⅰ. ①蔡…　Ⅱ. ①蔡…　Ⅲ. ①半潜船－船舶运输　Ⅳ. ①F550.7
中国国家版本馆CIP数据核字（2023）第182642号

蔡连财工作法：半潜船浮装操作

出 版 人　董　宽
责任编辑　李卫民
责任校对　张　彦
责任印制　栾征宇
出版发行　中国工人出版社
地　　址　北京市东城区鼓楼外大街45号　邮编：100120
网　　址　http://www.wp-china.com
电　　话　（010）62005043（总编室）
　　　　　（010）62005039（印制管理中心）
　　　　　（010）62379038（职工教育编辑室）
发行热线　（010）82029051　62383056
经　　销　各地书店
印　　刷　北京市密东印刷有限公司
开　　本　787毫米×1092毫米　1/32
印　　张　3
字　　数　40千字
版　　次　2024年7月第1版　2024年7月第1次印刷
定　　价　28.00元

优秀技术工人百工百法丛书

第一辑　机械冶金建材卷

优秀技术工人百工百法丛书

第二辑　海员建设卷